La tragédie oubliée...
Le naufrage de l'*Empress of Ireland*
La plus grande tragédie maritime de l'histoire du Canada

Publié par:
Musée de la mer de Pointe-au-Père
1034, rue du Phare
Pointe-au-Père (Québec) G5M 1L8

1995

La réalisation de ce livre a été rendue possible
grâce à la collaboration financière de

la compagnie Québec-Téléphone
et
Les caisses populaires Desjardins
du Bas-Saint-Laurent

Page couverture: Archives du Canadien Pacifique

Infographie: Alain Huot

Données de catalogage avant publication (Canada)

Vedette principale au titre :
La tragédie oubliée-- : le naufrage de l'Empress of Ireland

Comprend des réf. bibliogr.
ISBN 2-9804527-0-X

1. Empress of Ireland (Bateau à vapeur).
2. Naufrages - Québec (Province) - Saint-Laurent, Estuaire du.
3. Épaves - Québec (Province) - Saint-Laurent, Estuaire du.
I. Musée de la mer de Pointe-au-Père.

G530.E4T72 1995   910.4'5   C95-940516-X

SOMMAIRE

INTRODUCTION

Au début du 20ᵉ siècle, le Canadien Pacifique (désigné aussi par les lettres C.P.) se vantait d'être la plus importante compagnie de transport au monde, avec son réseau ferroviaire de plusieurs milliers de kilomètres et ses navires reliant le Canada à l'Europe et l'Asie, en passant par l'Australie.

Dès 1903, voulant augmenter sa part du trafic maritime passager de l'Atlantique, le C.P. achète la Beaver Line, regroupant une flotte de navires modernes et surtout des équipages expérimentés. La compagnie de navigation veut s'équiper de navires qui peuvent rivaliser avec les bâtiments modernes de la Compagnie Allan solidement établie sur le Saint-Laurent.

En 1904, le C.P. attaque de front la compétition et commande deux paquebots rapides et confortables à la compagnie Fairfield Shipbuilding and Engineering, de Glasgow (Écosse). Lancé le 11 novembre 1905, l'*Empress of Britain* effectue son voyage inaugural Liverpool-Québec le 5 mai 1906. L'*Empress of Ireland* est lancé le 27 janvier 1906 et effectue son voyage inaugural le 29 juin 1906.

Ces nouveaux paquebots entreprennent une carrière très prometteuse. Ils font rapidement la fierté de leur propriétaire et deviennent de sérieux concurrents aux navires de la compagnie Allan.

Attardons-nous à l'*Empress of Ireland*, et surtout à son dernier et funeste voyage.

Archives du Canadien Pacifique

Carte postale de l'*Empress of Ireland* estampillée le 17 septembre 1909.

L'*EMPRESS OF IRELAND*

L'*Empress of Ireland* jauge 14 000 tonneaux et mesure 168 m (550 pieds) de long, 20 m (65 pieds) de large pour un tirant d'eau de 8 m (27 pieds). Ses deux hélices et ses moteurs à quadruple expansion peuvent le propulser jusqu'à 20 noeuds. Le trajet Québec-Liverpool, auquel il est affecté, ne lui prend que six jours, dont seulement quatre pour la traversée de l'Atlantique proprement dite.

D'une capacité de 1 550 passagers, il peut en accommoder 300 en première classe, 450 en seconde et 800 en troisième. Le bon fonctionnement du paquebot est assuré par 420 membres d'équipage dont: 36 marins (incluant 6 officiers) et 130 hommes assignés à la salle des machines (dont 16 ingénieurs-mécaniciens).

Réputé pour sa vitesse et son confort, l'*Empress of Ireland* retient souvent la préférence des immigrants irlandais pour qui il symbolise la porte d'entrée du Nouveau Monde. En fait, compte tenu de l'importance de l'immigration à cette époque, le gouvernement avait émis des normes minimales pour le transport des immigrants. Le C.P. s'adapte rapidement à cette nouvelle réalité et assure à ces nombreux passagers un service très adéquat: le passager de troisième classe aujourd'hui pouvant fort bien être celui de première demain. Le **Times**, de Londres va même jusqu'à dire que c'est "une ère nouvelle et meilleure pour les passagers appartenant à la classe immigrante".

À la suite du naufrage du *Titanic*, en avril 1912, des normes très strictes étaient imposées relativement à la sécurité des paquebots. L'*Empress* est équipé en conséquence, avec ses 16 chaloupes de sauvetage en acier (capacité de 764 personnes), ses 24 chaloupes repliables de type Englehardt et Berthon (capacité de 1 100 personnes), plus de 2 362 vestes de sauvetage et ses 24 bouées.

L'*Empress of Ireland* était construit selon le principe des "deux compartiments", qui voulait que le navire puisse flotter même avec deux de ses onze compartiments inondés. Chacune des dix cloisons transversales n'était vraiment étanche que

Le Devoir, Montréal, 26 mai 1914.

Des officiers font le point sur la passerelle de l'*Empress***.**

Étiquetage des bagages des passagers.

si les 24 portes qui les perçaient étaient elles aussi hermétiquement fermées. La cloison n° 5 comportait, pour sa part, 2 portes-guillotines actionnées par les ingénieurs des machines et 22 portes-glissières pouvant être fermées par un steward à l'étage au-dessus grâce à un lourd système de pignons et crémaillères. Cette cloison séparait les deux immenses chambres des chaudières en avant de la salle des machines proprement dite. L'espace volumineux qu'occupaient ces trois énormes équipements dans leur compartiment respectif rendait le centre du navire très vulnérable.

Le danger venait de la possibilité d'inondation des machines, ce qui priverait le navire de son électricité, de sa lumière et de sa force, donc de ses systèmes vitaux. Ce système mécanique manuel de fermeture des portes étanches était démodé à ce moment car certains navires étaient équipés de portes étanches à fermeture électrique ou hydraulique, commandée directement de la timonerie. Cependant, l'équipage de l'*Empress* était très bien entraîné à fermer ces portes dans des conditions normales et à manoeuvrer l'équipement de sauvetage. Lors d'un exercice tenu à Liverpool le 15 mai 1914, toutes les chaloupes furent mises à l'eau en une minute. Le 27 mai suivant, à Québec, soit deux jours avant la tragédie, un autre exercice se déroula tout aussi bien. Tout était orienté vers la sécurité des passagers et les consignes de la compagnie à cet égard étaient assez exigeantes pour les officiers, et respectées par eux.

LES PASSAGERS ET LE CHARGEMENT

En cet après-midi du 28 mai 1914, 1 057 passagers prennent place à bord de l'*Empress of Ireland*. Seulement 87 places sur 300 sont occupées en première classe, par des gens d'affaires, des hauts fonctionnaires, de riches familles allant visiter leurs parents. Des 253 passagers de seconde classe (sur une possibilité de 450), il y a parmi eux 170 membres de l'Armée du Salut dont le Commissaire pour le Canada, Terre-Neuve et les Bermudes, se rendant à Londres pour une importante convention au "Albert Hall"; 39 membres du groupe font partie de la fanfare de l'Armée du Salut canadienne qui doit se produire au "Embarkment Gardens", au mois de juin. En troisième classe, on dénombre 717 occupants sur une possibilité de 800. Il y a, entre autres, des familles de classe moyenne en vacances, ainsi que près de 300 travailleurs des usines Ford de Détroit s'en retournant temporairement ou définitivement chez eux.

Passagers sur le pont. (Coll.: Kim Martin)

Alors que les passagers des première et deuxième classes sont de nationalité anglaise ou canadienne, la plupart des voyageurs de troisième classe sont des immigrants de différents pays. Les cales de l'*Empress* contiennent 1 100 tonnes de cargaison générale et la chambre forte 252 lingots d'argent ainsi que deux colis estimés l'un à 275 000 $ et l'autre à 824 000 $ (précisons toutefois que les quantités et les valeurs demeurent encore imprécises). Les soutes du navire renferment également les 2 600 tonnes de charbon nécessaires à la traversée de l'Atlantique.

Les passagers passent le temps en jouant aux cartes et en lisant.

Jeux à l'arrière du navire. (Coll.: Archives-Maritimes - A. Therrien)

LE TRAJET DE L'*EMPRESS OF IRELAND*

L'*Empress* quitte le port de Québec vers Liverpool, à 16 h 27, l'après-midi du 28 mai. C'est son premier voyage de l'année 1914. Le commandant du paquebot est Henry Kendall, un capitaine de grande expérience. Le matin du 29, vers 1 h 30, le navire ralentit à la hauteur de Pointe-au-Père pour laisser descendre, sur le bateau-pilote *Eureka*, le pilote Adélard Bernier qui avait guidé le navire depuis Québec. Pointe-au-Père est à cette époque un important centre d'opérations maritimes (phare, poste de météo, station de télégraphie sans fil, etc.) et la station officielle de pilotage y est installée depuis 1905. Après avoir également déchargé quelques sacs de courrier, le paquebot reprend ensuite de la vitesse pour naviguer vers le nord-est.

Salle d'entraînement.

Environ 10 minutes plus tard, la vigie signale un navire sur la droite, à environ 8 milles, qui remonte le fleuve vers l'ouest. À 45 degrés à tribord, l'*Empress* va croiser diagonalement la course de l'autre. Après avoir effectivement traversé cette course, le Capitaine Kendall fait tourner son navire vers l'est à 73 degrés au compas magnétique, pour prendre une route parallèle à l'autre bateau, alors à 11 degrés à tribord. Kendall estime que la distance entre les feux de têtes de mât de l'autre navire est assez grande pour laisser supposer une rencontre vert-vert (droite à droite).

Venant du rivage, cependant, un banc de brouillard se lève en direction nord-est. Le commandant de l'*Empress* est persuadé de bien voir la lumière verte au flanc droit de l'autre bateau mais, pendant qu'il surveille, la brume arrive soudainement. Dès l'entrée dans le brouillard, Kendall ordonne : "Marche arrière toute", afin de freiner son navire et signale sa manoeuvre à l'autre par trois brefs coups de sirène. L'autre répond par un long signal, indiquant qu'il garde sa route. Après s'être assuré que son navire soit bien arrêté, Kendall ordonne de stopper les machines et le sifflet de l'*Empress* émet alors deux longs signaux, signifiant qu'il est maintenant immobilisé. Le nouveau venu répond par un autre grand sifflement. Kendall tressaille; ce sifflement vient de beaucoup plus près, trop près, d'environ 45 degrés vers la droite. Le commandant se tient maintenant à droite de la passerelle et surveille l'apparition de d'autres indices du navire dont il redoute la trop grande proximité. Deux minutes passent, puis Kendall aperçoit avec stupeur, sortant de la brume, une lumière rouge, puis une verte, et finalement les feux de têtes de mât en ligne droite; le *Storstad* fonce directement sur l'*Empress*.

LE TRAJET DU *STORSTAD*

Enregistré en Norvège et affrété par la Dominion Coal Compagny, le *Storstad* faisait route vers Montréal. Jaugeant 6 000 tonneaux, le charbonnier était construit selon le principe Isherwood, ses membrures étant non pas verticales-transversales, mais horizontales-longitudinales. Cela assurait une extrême résistance au navire, dans le sens de la longueur. De plus, naviguant très tôt en saison, son étrave avait été renforcée afin de la protéger des glaces. Avec son chargement de 11 000 tonnes de charbon, cet immense couteau se prolongeait jusqu'à 7,6 m (25 pieds) sous l'eau.

Le commandant Thomas Andersen s'était retiré dans sa chambre, en compagnie de son épouse, vers les 21 h 30, dans la soirée du 28. Il avait donné ordre de le réveiller à environ six milles de Pointe-au-Père ou si le brouillard se levait. Vers 1 h 30, c'est donc le second, Alfred Toftenes, qui commandait le navire.

Soudain, la cloche de la vigie résonne deux fois : "Navire à bâbord à six ou huit milles". Le navire, probablement un paquebot, se rapproche et, à environ trois milles, sa lumière verte est très visible. Toftenes s'inquiète d'une autre menace: le brouillard qui se lève. Il décide alors un passage vert-vert mais se ravise: les feux de mâts du paquebot se sont rapprochés et se trouvent maintenant alignés. Simultanément, son feu rouge est apparu; le navire se dirige en ligne droite vers le *Storstad*. Puis la lumière verte s'efface, laissant

"Nursery" pièce réservée aux enfants.

seule la rouge visible, la lumière de tête de mât arrière se déplaçant plus à droite que celle du mât avant; le navire semble avoir changé de course et tout l'équipage du *Storstad* est persuadé que le passage s'effectuera maintenant de gauche à gauche, soit rouge-rouge.

Dès l'arrivée du brouillard, Toftenes ralentit le charbonnier. Il entend aussitôt un grand coup de sirène provenant du paquebot, signalant que ce dernier garde sa route. Le sifflet du *Storstad* répond de façon identique. Le brouillard s'épaississant, Toftenes ordonne l'arrêt des machines. À mesure que le charbonnier ralentit, le second craint que le courant ne le pousse vers la gauche, vers le paquebot, qui n'est plus très loin. Il demande au timonier de virer légèrement à droite, mais le gouvernail ne répond plus, le bateau est immobilisé. Pour garder l'avant de son navire en ligne droite, hors de portée du paquebot invisible, il ordonne: "Machines avant lentement", afin de donner emprise au gouvernail.

Nerveux, il avise son capitaine de la présence de la brume. Celui-ci demande si le phare de Pointe-au-Père est en vue. "Non, lui répond Toftenes, il a disparu dans la brume". Très inquiet, Andersen monte sur la passerelle et prend alors le commandement du navire.

LA COLLISION

Andersen n'a même pas le temps de s'informer plus à fond de la situation; une lumière blanche perce la brume, à 30 degrés à tribord, puis une verte : le paquebot est droit devant ! "Machines arrière toutes!" ordonne-t-il immédiatement en signalant sa manoeuvre par trois brefs coups de sifflet. Mais emporté par l'inertie de sa faible vitesse, le charbonnier enfonce le flanc droit du paquebot.

De son côté, horrifié par la vision du charbonnier qui s'avance sur lui, Kendall réagit promptement et tente d'amoindrir l'inévitable collision, d'une part en ordonnant "Machines avant toutes" afin que l'impact se produise le plus loin possible à l'arrière, pour causer moins de dégâts et, d'autre part, en virant sur tribord, espérant que les deux bateaux se frottent, sans se heurter.

Il y eut un bruit de tôles froissées, puis quelques étincelles, résultat du frottement des aciers. Il n'y eut même pas de choc, mais une très légère secousse, "semblable à celles ressenties lors d'un accostage", dira plus tard Andersen. Celui-ci entend soudain la voix du Capitaine Kendall : "Continuez

Le luxueux café de l'*Empress*.

17

La bibliothèque du paquebot.

de faire machines avant". Ce qu'il fait, à toute vapeur. Le *Storstad* demeure près de cinq secondes dans la brèche qu'il vient de faire dans le flanc de l'*Empress* mais, entraîné par sa propre inertie et celle de l'*Empress*, il en sort lentement. En se retirant, le charbonnier laisse un trou béant de 4 m x 14 m (14 pieds x 45 pieds) dans le flanc du paquebot, par où s'engouffrent plus de 60 000 gallons d'eau à la seconde (265 tonnes).

La collision a eu lieu un peu à l'arrière de la cloison étanche médiane de l'*Empress* qui sépare les deux chaufferies. La cloison étant endommagée, l'eau inonde rapidement les deux grands compartiments et déjà le navire commence à donner de la bande. Une des portes-guillotines de la cloison n° 5 est rapidement close, mais l'inclinaison croissante du paquebot rend impossible la fermeture des portes-glissières. De plus, à mesure que le navire penche, l'eau pénètre par les hublots du flanc droit, si bien que 10 minutes après la collision, l'*Empress* bascule et se couche sur sa droite, ses deux énormes cheminées percutant l'eau avec fracas. Puis, soudain, les lumières s'éteignent.

Dès son retrait du flanc éventré du paquebot, le *Storstad* vire subitement sur la droite. Andersen craint que les deux bateaux ne se frappent de nouveau, poupe contre poupe. Pendant quelques moments, il pense remettre la proue du *Storstad* dans la brèche du paquebot, mais celui-ci a disparu dans la brume. Craignant le pire pour son navire, Andersen dépêche rapidement une équipe pour inspecter les dégâts à l'avant. La proue est profondément renfoncée et tout l'appareillage du gaillard d'avant est détruit, mais il n'y a pas de danger de couler, au grand soulagement de l'équipage. Celui-ci trouve par ailleurs assez étrange que l'autre navire ne revienne pas sur les lieux de la collision, pour porter éventuellement secours, comme c'est la coutume dans la marine. Quoiqu'il en soit, constatant que son bateau est maintenant en direction sud, face au littoral, Andersen fait corriger le cap et part lentement à la recherche du mystérieux paquebot. Au bout de dix minutes, les premiers cris et gémissements percent dans la brume, venant des eaux voisines du charbonnier.

À cause de l'absence de choc lors de la collision, plusieurs passagers sont réveillés par l'arrivée soudaine de l'eau dans leur cabine ou en tombant tout simplement de leur couchette, sous l'inclinaison du navire. Se hâtant de trouver la sortie dans un paquebot qu'ils ne connaissent pas très bien (c'est leur première nuit à bord), dans l'obscurité et la confusion, nombreux sont ceux qui ne peuvent atteindre les ponts supérieurs. De plus, à cause de la gîte du navire, toutes les chaloupes de sauvetage du côté gauche sont inutilisables.

La majorité des passagers sont pris au piège par l'eau qui s'infiltre dans l'*Empress*. Ceux qui réussissent à sortir font face à bien d'autres dangers tous aussi mortels: à cause de l'inclinaison du navire, plusieurs font des chutes fatales ou sont écrasés ou grièvement blessés par les chaloupes, les chaises, les mâts de charge et les autres objets qui dégringolent de gauche à droite sur les ponts. En fait, la presque totalité des corps retrouvés dans l'eau portent des marques de blessures. Puis, il y a l'eau, cette eau glacée du fleuve, à quelques degrés seulement au-dessus du point de congélation.

L'équipage de l'*Empress* fait tout son possible pour secourir les passagers mais le temps joue contre eux. Le paquebot, maintenant couché sur sa droite, continue néanmoins de s'enfoncer dans les eaux sombres du Saint-Laurent et finit par disparaître dans un grand tourbillon. Quatorze minutes se sont écoulées depuis la collision. Le grand voyage, prévu pour une durée de près de six jours, n'aura duré que 9 h 42 minutes.

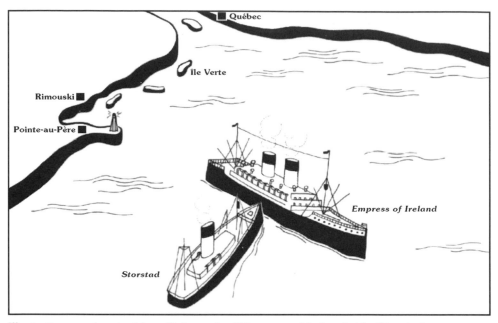

Illustration représentant la collision entre l'*Empress of Ireland* et le *Storstad*.

LE DERNIER MESSAGE

Ronald Ferguson, un des deux opérateurs-radio de l'*Empress*, sent la légère secousse de la collision et se précipite dans la cabine radio où son assistant vient juste de prendre place. Il saisit aussitôt la clé de son télégraphe et lance un message d'avertissement à toutes les stations: "Tenez-vous prêts pour un appel de détresse, nous avons heurté quelque chose". Immédiatement, la réponse arrive de la station Marconi de Pointe-au-Père: "O.K. Nous sommes là!"

L'officier en chef de l'*Empress* apparaît dans la porte et ordonne à Ferguson d'envoyer le message de détresse, ce qu'il fait sur-le-champ, très calmement, luttant déjà contre l'inclinaison du navire; "S.O.S. Avons heurté quelque chose. Coulons rapidement. Envoyez de l'aide". "Quelle est votre position?", demande la station terrestre. Ne sachant pas exactement où et n'ayant personne près de lui à qui le demander, Ferguson fait un rapide calcul, remontant jusqu'au débarquement du pilote: "Vingt milles passé Rimouski". Ce n'est pas précis, mais au moins ça donne une bonne idée. "O.K., reprit Pointe-au-Père, envoyons *Lady Evelyn* et *Eureka* à votre secours!"

Après avoir répondu au premier appel de l'*Empress*, Crawford Leslie, assistant-opérateur de veille à la station Marconi de Pointe-au-Père, court réveiller son supérieur, William Whiteside. C'est ce dernier qui demande la position de l'*Empress* à Ferguson et qui assure l'envoi de secours. Dès qu'il perd la réception télégraphique de l'*Empress*, à la suite de la panne de courant survenue à bord, il lance un appel général pour tous les navires des environs, mais sans succès. Pendant ce temps, Leslie téléphone à François Pouliot, capitaine du *Lady Evelyn*, amarré au quai de Rimouski, bateau-postal du gouvernement qui assure le transbordement des sacs de courrier entre les paquebots et le train rapide pour Québec, l'Intercolonial.

Dès qu'il apprend la nouvelle, Pouliot largue les amarres. Pendant ce temps, Leslie va alerter John McWilliams, ancien gardien du phare, qui

L'immense salle à manger de la première classe.

Salle de détente.

cumule encore les postes de gérant du télégraphe terrestre, météorologiste, officier de transmission et homme à tout faire pour les grands paquebots qui passent devant Pointe-au-Père. McWilliams scrute aussitôt le fleuve pour apercevoir les lumières de l'*Eureka* qui revient d'un embarquement de pilote et court vers le quai. Le Capitaine Jean-Baptiste Bélanger accoste et apprend la catastrophe par le coup de téléphone que lui donne Whiteside et par McWilliams qui arrive, gesticulant, à toutes jambes: "Pour l'amour de Dieu, redescendez le fleuve, l'*Empress* a coulé!". Coupant les amarres, Bélanger reprend rapidement la mer.

L'*Eureka* arrive sur les lieux du naufrage trois quarts d'heure plus tard et le *Lady Evelyn* peu après, trop tard pour sauver qui que ce soit. Ils recueillent seulement quelques survivants à bord d'une chaloupe.

Cabine 1ere classe.

22

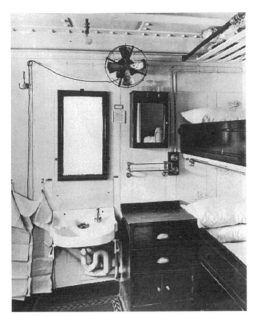

Cabine 2ᵉ classe.

Cabine 3ᵉ classe.

Le charbonnier norvégien Storstad après la collision.

LE SAUVETAGE

Seulement cinq chaloupes de l'*Empress of Ireland* ont été descendues tant bien que mal à la mer. Dès qu'ils aperçoivent les premiers naufragés, les hommes du *Storstad* mettent immédiatement leurs chaloupes à la mer et partent à leur secours. Quand une chaloupe du paquebot aborde le charbonnier et après le transbordement de ses occupants, les Norvégiens l'empruntent aussitôt pour aller à la recherche des autres rescapés.

Plus de 400 personnes sont ainsi sauvées et embarquées sur le *Storstad* où l'équipage et madame Andersen, l'épouse du Capitaine, font tout ce qu'ils peuvent pour soulager les malheureux. Le docteur James Grant, médecin de bord de l'*Empress*, fatigué mais rescapé, a fort à faire pour réconforter ses passagers, soigner les blessés et apaiser les hystériques. Son dévouement exemplaire fait de lui le héros du sauvetage de l'*Empress*. Cependant, malgré ses efforts, plusieurs autres rescapés s'éteignent sur le *Storstad*, sous l'effet de la température glaciale de l'eau, de la fatigue et du choc.

Riverains récupérant des cadavres.

Parmi les survivants, il y a William Clarke, affecté au pelletage du charbon dans la salle des chaudières. Il a juste le temps de sortir pour réussir à décrocher la chaloupe n° 5 et se lancer au secours des passagers avec l'aide de ses compagnons de travail. Fait intéressant, ce fut un peu dans des circonstances similaires qu'il s'échappait, deux ans plus tôt, du *Titanic* faisant naufrage!

Des corps sont hissés sur le *Lady Evelyn* au quai de Rimouski.

Un couple Italien, séparés l'un de l'autre lors du naufrage, est rescapé par deux chaloupes différentes puis embarqué sur le *Storstad*. Ils passent deux jours à Rimouski, pleurant respectivement la perte du conjoint, et ce n'est que 24 heures après s'être embarqués sur l'*Alsacian*, qui ramène des survivants à Liverpool, que l'homme et sa femme se retrouvent, par hasard, chacun se jetant dans les bras de l'autre!

On transborda 338 survivants sur le *Lady Evelyn*, les autres sur l'*Eureka* et les deux bateaux les débarquèrent au quai de Rimouski où une population compatissante les attendait avec vêtements, nourriture et boissons chaudes. On prépara un train spécial pour les survivants mais, comble de l'ironie, il dérailla dès son départ pour Québec et on dut en attendre un autre.

La gare du quai de Rimouski avait été transformée en hôpital. On entassa certains corps sans vie dans un entrepôt du quai, d'où ils partirent pour Québec sur le *Lady Grey*, dans des cercueils arrivés par train spécial. Le spectacle était désolant et évidemment des plus tristes à voir, surtout lors de l'identification des corps par les parents et amis des victimes.

Blessés de l'*Empress* chez M. Lavoie de Rimouski.

Entreposage des cadavres avant l'ensevelissement.

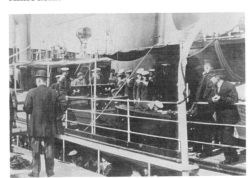

Marins canadiens transportant les corps au quai de Québec.

Membres de l'Armée du Salut identifiant leurs camarades.

Les membres de l'Armée du Salut qui avaient péri furent rapatriés à Toronto, où ils reçurent les hommages des leurs à l'occasion d'un imposant service funèbre au cimetière Mount Pleasant. Une cérémonie-souvenir s'y déroule d'ailleurs chaque année. Madame Grace Hannagan Martyn y est une participante assidue.

D'autres corps ne purent être identifiés et on en enterra près de 90 à la Pointe à Pouliot, à l'extrémité ouest de Pointe-au-Père. Le *Lady Evelyn* et l'*Eureka* retournèrent plusieurs fois sur les lieux du naufrage, mais ne revinrent qu'avec des noyés.

Sur 1 477 personnes embarquées, 1 012 avaient péri, soit 840 passagers (plus que sur le *Titanic*) et 172 membres d'équipage.

Passagers de 1ere classe: 36 survivants, 51 victimes = 87
Passagers de 2e classe: 48 survivants, 205 victimes = 253
Passagers de 3e classe: 136 survivants, 581 victimes = 717
Équipage: 245 survivants, 175 victimes = 420
Total: 465 survivants, 1012 victimes = 1 477

Sur les 138 enfants, 4 furent sauvés et 134 périrent.
Sur les 310 femmes, 41 furent sauvées et 269 périrent.
Sur les 609 hommes, 172 furent sauvés et 437 périrent.

Plusieurs corps entreposés dans un hangar au quai de Rimouski.

L'ENQUÊTE PUBLIQUE

Un tel désastre maritime commandait la tenue d'une enquête publique. Ordonnée par John Douglas Hazen, ministre de la Marine et des Pêcheries, en vertu de la Loi de la marine marchande du Canada, une Commission d'enquête fut instituée rapidement. En raison de son importance et de sa pertinence dans la compréhension des causes du désastre, rappelons quelques faits relatifs à son organisation et à son déroulement.

D'abord trois commissaires furent nommés, à savoir: John Charles Bigham, également connu par son titre de noblesse anglaise Lord Mersey, Ezekiel Mcleod, juge en chef du Nouveau-Brunswick et juge de l'Amirauté du district du Nouveau-Brunswick, et Sir Adolphe Basile Routhier, ancien juge en chef du Québec et juge de l'Amirauté du district de Québec. Ce trio de commissaires était secondé dans sa tâche par deux experts de la navigation, par un ingénieur maritime et un professeur d'architecture navale.

Cette importante affaire juridique a déplacé une batterie d'avocats représentant six parties en cause, à savoir:

- la Couronne, représentée par Me E.L. Newcombe, sous-ministre de la justice du Dominion du Canada et à ce titre, responsable des procédures judiciaires;

- la Compagnie Canadien Pacifique, dont l'avocat principal était Me Butler Aspinall, de Londres;

- le Capitaine Kendall, les mécaniciens et les officiers de l'*Empress of Ireland*, représentés par Me Aimé Geoffrion, de Montréal;

- le *Storstad*, représenté par Me Claude Duclos, fortement appuyé par Me Charles Sherman Haight, de New York;

- la Dominion Coal Company, qui avait affrêté le *Storstad*, était représentée par Me H. MacInnes;

- et la National Sailor's and Fishermen's Union, de Grande-Bretagne et d'Irlande, représenté par Me G.F. Gibsone.

De tous ces hommes de droit, trois d'entre eux étaient de véritables personnalités juridiques, expertes dans les complexes questions de droit maritime, et dont la renommée était reconnue internationalement. Il s'agit de Lord Mersey, qui avait présidé la Commission d'enquête sur le naufrage du *Titanic*, Me Aspinall et Me Haight. À eux trois, ils ont dirigé et mené de façon très active les débats de la Commission.

Les séances de la Commission d'enquête se sont déroulées à la Cour criminelle de Québec, du 16 au 27 juin 1914. Pendant ces onze longues journées, les commissaires et avocats ont entendu 61 témoins et posé près de 9 000 questions. Au terme de cette période intense de travail, les commissaires déposent publiquement, samedi le 11 juillet, un rapport détaillé, résultat des témoignages et des analyses de l'événement.

De l'imposant rapport issu de cette enquête, il se dégage de nombreuses contradictions dans les témoignages rendus, et même parfois de la confusion chez certains témoins. Des déclarations pour le moins troublantes ont été faites au cours de ces journées. Ainsi, le Capitaine Henry Kendall, visiblement affecté et troublé par la tragique nuit du 29 mai, prétendait que la vitesse du *Storstad* avait produit un choc terrible lors de la collision; il était le seul à le déclarer. Il parla aussi d'une explosion à bord de son navire durant le naufrage, mais personne ne corrobora ses dires.

Nous ne pouvons résumer ici l'ensemble d'un rapport aussi imposant que complexe. Toutefois, sa structure de présentation nous permet de se faire une bonne idée de son contenu. Voici les parties de ce rapport:

1. La première partie présente une description complète des caractéristiques des deux navires.

2. Suivent les versions exprimées par les témoins de l'*Empress* et ceux du *Storstad*: l'itinéraire des navires, leur navigation au moment où ils se sont aperçus, l'arrivée du brouillard et la collision.

3. La troisième partie, la plus importante du rapport, tente d'identifier le coupable de l'accident: quel vaisseau faut-il blâmer? L'argumentation est détaillée mais demeure prudente. L'analyse des faits est difficile. À preuve, Jacob Saxe, troisième maître du *Storstad*, admit qu'il avait fait tourner le charbonnier beaucoup plus à droite que ne lui avait ordonné Toftenes, quelques secondes avant la collision. Par deux fois, il fut question de problèmes de gouvernail de l'*Empress*; d'une part, James Galway, quartier-maître du paquebot, prétendit que l'*Empress* avait souvent de la difficulté à manoeuvrer, mais son attitude désinvolte et confuse mina la crédibilité de son témoignage, même si le Canadien Pacifique avait cherché à l'expédier en Angleterre avant l'enquête. D'autre part, le capitaine d'un autre cargo révéla avoir vu l'*Empress* zigzaguer dangereusement sur le fleuve, un peu après son départ de Québec. On alla même jusqu'à dire que c'est en raison d'un trouble de gouvernail que Kendall avait immobilisé l'*Empress* dans le brouillard, ce qui n'était pas obligatoire selon le code maritime, seul le maintien de la même direction l'étant.

Évidemment, les deux équipages s'accrochèrent à leur version respective du désastre. De son côté, Newcombe fit remarquer que la directive du Canadien Pacifique de poster un homme à chaque porte étanche en présence de brume ou de neige n'avait pas été respectée. Sans identifier un seul coupable, il conclut que les deux navires avaient commis une faute, l'*Empress* en arrêtant sans y être obligé et le *Storstad* en virant, même légèrement, dans le brouillard.

Les commissaires ont nettement de la difficulté à identifier clairement un responsable. Voici un extrait significatif de cette partie du rapport:

> *Nous regrettons d'avoir à imputer un blâme à qui que ce soit dans ce lamentable désastre et nous n'en ferions rien si nous avions l'impression qu'il se trouvât quelque moyen de nous éviter cette tâche. Nous ne pouvons toutefois arriver à d'autre conclusion que celle-ci à savoir que M. Toftenes a manqué et a fait preuve de négligence en gardant en main le commandement du vaisseau et en tardant à faire venir le capitaine en voyant surgir le brouillard.*

Cet extrait contient la condamnation de responsabilité envers le *Storstad* mais les commissaires n'insistent pas, ils sont davantage préoccupés par une question qu'ils jugent plus importante, une question d'un intérêt public beaucoup plus intense et plus sérieuse qu'il importe d'étudier: pourquoi le vaisseau a-t-il sombré si subitement? Cette question fait l'objet de la partie suivante du rapport.

4. Le naufrage subit du navire suscite de longues interrogations relatives aux cloisons étanches et aux feux latéraux, de même qu'une analyse de la nature et de la portée des dégâts causés par la collision. Voici un nouvel extrait qui conclut cette partie du rapport.

> *Très peu de temps après la collision, le navire (...) doit s'être incliné à un angle considérable, et ceci, joint à l'enfoncement du navire, aurait bientôt submergé les sabords du côté qui, on le sait, étaient ouverts entre le pont principal et le pont supérieur. Comme le navire continuait à s'enfoncer, à cause de la quantité d'eau qui entrait par le côté avarié et par les sabords, l'eau avait (...) libre accès au pont principal, avec les résultats déjà indiqués.*

5. Cette partie passe en revue les appareils et les moyens de sauvetage, les mesures prises pour sauver les passagers, la description des sauvetages

opérés par les chaloupes de l'*Empress* et par le *Storstad*, la conduite des télégraphistes à bord et à terre, et les secours apportés par l'*Eureka* et le *Lady Evelyn*. Sur tous ces aspects, l'analyse détaillée a conclu que tous les efforts ont été faits afin de réduire le plus possible la perte de vies. Dans les circonstances, personne ne méritait un blâme. Tous avaient fait un travail remarquable et à la mesure de leurs capacités.

6. Enfin, le rapport formule trois recommandations: celle de laisser les portes étanches et les hublots fermés la nuit et en cas de brume, celle de prévoir des embarcations de sauvetage libres sur le pont, et celle de chercher un moyen d'éviter les croisements de navires lors de leur approche vers Pointe-au-Père.

En dépit de la conclusion de la Commission, un tribunal norvégien émit un verdict de non-responsabilité complète en faveur du *Storstad*. À l'inverse, lors des auditions des poursuites du C.P., un tribunal canadien accusa le charbonnier d'être la seule cause du désastre. Les réclamations contre le *Storstad* se montaient à 300 millions de dollars; il fut saisi et vendu aux enchères pour un montant de 175 000$...

Par un ensemble complexe d'opérations légales, le propriétaire du *Storstad* remit la main sur son navire et invita Andersen, Toftenes et Saxe à y reprendre leurs postes. Une fois réparé, le *Storstad* retourna à la navigation mais, le 8 mars 1917, il fut coulé au sud-ouest des côtes irlandaises par un sous-marin allemand. Andersen et ses hommes s'en tirèrent.

De son côté, Kendall continua à travailler pour le Canadien Pacifique, mais comme surintendant de port, et non comme capitaine.

Le désastre de l'*Empress* allait quant à lui tomber dans un oubli presque total, d'une part à cause de l'arrivée de la première Guerre mondiale et, d'autre part, parce que la mort de quelques centaines d'immigrants n'avait pas eu autant de répercussions que celle de membres de la riche communauté new-yorkaise, qui périt sur le *Titanic*. Le naufrage de l'*Empress of Ireland* demeure la plus grande catastrophe maritime au Canada et fut, jusqu'en 1987, la seconde au monde, en temps de paix, après celle du *Titanic*.

◆

Les pages suivantes reproduisent quelques articles de journaux parus dans les semaines qui ont suivi le désastre de l'*Empress of Ireland*.

ARTICLES DE JOURNAUX

Cet article, rédigé dès l'annonce de l'accident, met en opposition l'orgueil des réalisations techniques et la fragilité de l'homme.

BILLET DU SOIR
LE SEUL MAITRE

"Ma barque est si petite et la mer est si grande". La vieille chanson qui exprime la prière du matelot semble désuète, quelquefois. Les navires sont devenus tellement vastes qu'on dirait presque qu'ils sont un pont mobile jeté d'un côté de la mer à l'autre. Devant leur taille géante, notre imagination déroutée se figure, qu'en quelques tours de leurs hélices rapides et puissantes, ils ont atteint l'une ou l'autre rive. Les projecteurs électriques percent les brouillards, les cloisons étanches neutralisent les blessures que se peuvent infliger leurs épaisses carapaces, un accident grave se produit-il, il suffit d'un geste de l'opérateur pour que l'antenne télégraphique lance à travers l'espace ses lassos invisibles qui attrapent au passage les navires ou les stations des côtes, et les secours se précipitent.

Mais rien de tout cela n'est infaillible. Les hommes semblables aux géants de la Mythologie qui voulaient escalader le ciel, croient qu'ils ont dominé la mer, quand Dieu qui reste silencieusement le maître, se plaît à leur donner de "grandes et terribles leçons".

C'est un navire que l'on lance au milieu des fêtes; la mer est d'huile et les passagers s'étourdissent aux sons d'un orchestre joyeux; un craquement se produit. La fête s'interrompt à peine. On est tranquille sur un tel géant. La coque enfonce petit à petit. La panique blême, commence et croît. Soudain un dernier remous, une bulle qui s'échappe de la bouche immense de la mer qui s'ouvre, et le superbe *Titanic* est englouti.

Un navire file dans le brouillard. Les passagers dorment tranquilles. Comme pour le protéger, le golfe étend ses deux bras autour du vaisseau. Le pilote sait les moindres récifs de la côte. Soudain, dans l'ouate grise qui pend aux flancs du navire, une coque noire surgit, toute petite, près de l'autre si grande: une secousse insignifiante, et dix minutes plus tard l'*Empress of Ireland* a disparu à trente milles de la terre.

"Ma barque est si petite et la mer est si grande"...

Louis Breton. Le Devoir, Montréal, 29 mai 1914.

Témoignage d'un rescapé, le seul canadien-français passager de l'*Empress*. En effet, l'avocat Louis A. Gosselin, de l'étude montréalaise Gosselin, Leblanc, Calder et Leblanc, voyageait en compagnie de Lionel Kent, de la Energite Explosive Company Ltd. Voici le récit de la catastrophe tel que raconté au reporter du journal **Le Progrès du Golfe**, de Rimouski.

"Je partais en voyage d'affaires pour Londres et Paris, en compagnie de mon ami de coeur, M. Lionel Kent, aussi de Montréal. Nous avions réservé nos cabines sur le pont supérieur: elles se trouvaient voisines, ayant porte de sortie sur le pont.

"Je m'étais attardé à lire dans mon lit, jusque vers deux heures du matin. Sentant le sommeil me gagner, et au moment de m'endormir, je ressentis une violente secousse qui sembla ébranler le navire. Je me précipitai de ma cabine sur le pont et j'aperçus un navire dont la proue était enclavée dans notre "Empress". Je revins à la hâte vers ma cabine et m'empressai d'éveiller mon compagnon pour l'avertir du danger qui nous menaçait. Ne croyant pas le danger aussi grave qu'il l'était réellement, je m'habillais un peu légèrement et retournais sur le pont. Et c'est alors qu'une minute après la collision, j'ai vu les deux vaisseaux se détacher l'un de l'autre. Le "Storstad" était entré un peu obliquement dans l'"Empress" par l'avant, vers le tiers de la longueur de notre navire obliqua un peu sous le choc cependant que, l'autre vaisseau agrandissant la blessure, tournait sur la proue perpendiculairement à l'"Empress"; de sorte qu'au moment où les deux navires se séparèrent, la poupe du "Storstad" venait presque toucher la poupe de l'"Empress".

Aussitôt après, notre vaisseau prit bande du côté de la brèche opérée par la collision, puis penchant peu à peu, s'enfonça jusqu'à l'engloutissement complet. Le tout se fit en dix minutes.

Cinq minutes après l'immersion, je vis s'élever de la surface du fleuve une immense bulle d'eau, montant sans autre bruit qu'une sourde détonation, à une cinquantaine de pieds dans les airs, c'était apparemment les chaudières qui sautaient. L'explosion dût être meurtrière pour un très grand nombre de marins et de passagers.

Pendant que le navire penchait vers l'abîme, je rencontrai mon ami et remarquai qu'il se ceignait d'une ceinture de sauvetage. Je retournai à ma cabine pour en faire autant. A mon retour sur le pont, M. Kent était disparu et je vis là une quinzaine de personnes occupées à mettre une chaloupe à la mer. Mais comme l'obscurité était très profonde et comme l'on ignorait la mécanique de la manoeuvre, on ne réussit pas.

Soudain un radeau, que nous n'avions pas remarqué, glissa à nos côtés et par l'effet de la bande du navire, jusqu'à la mer. Inutile de dire que nous nous prévalûmes bientôt de cette véritable planche de salut et en une minute nous nous trouvions au nombre de quatre ou cinq sur ce radeau providentiel.

Déjà tous les ponts étaient submergés. Nous nous éloignions, à la dérive de l'"Empress", par une mer calme: à un moment donné, nous trouvâmes des rames flottantes, et nous nous mîmes aussitôt en frais de recueillir les naufragés; si bien qu'à la fin, notre radeau était chargé de trente à trente-cinq personnes. Nous étions tous debout et tellement serrés les uns contre les autres que nous nous trouvions dans l'impossibilité de ramer. Mais nous nous efforcions cependant de nous diriger vers le charbonnier "Storstad", le seul point où il nous était possible de trouver du secours. Dans le même temps, je remarquais que mon ami, M. Kent, se trouvait lui aussi sur notre radeau.

A bord du "Storstad" on ne paraissait pas vouloir bouger. L'équipage, à un arpent du lieu du sinistre, semblait parfaitement indifférent, et ne cherchait aucunement à porter secours aux naufragés. Nous pûmes enfin approcher du navire et monter à son bord. Sur le pont du "Storstad", devant l'insouciance odieuse de tout l'équipage, je dus insister auprès du capitaine pour qu'on se préoccupât enfin d'aider au sauvetage. On se décida ... Cependant le "Storstad" ne mit aucune chaloupe à la mer. Et même, les chaloupes sauvées de l'"Empress", s'étant approchées, chargées des naufragés, il fallut insister pour que l'équipage tirât sur les câbles tendus du pont vers les embarcations, et aidât ainsi les pauvres naufragés à demi-morts de froid et d'épuisement, à monter à bord. Personne n'aurait songé à cela et la majorité des rescapés était pourtant dans l'impuissance absolue de se hisser sur le pont.

Cette dernière partie du récit de M. Gosselin a été corroborée par un M. Delomont et son fils, qui sont venus à nos bureaux, ont fait une version à peu près identique de la catastrophe et semblent, eux aussi, très irrités de la conduite de l'équipage du "Storstad".M. Gosselin est parti pour Québec, cet après-midi, dans le train de la malle anglaise, qui fut affecté au transport des passagers réchappés du naufrage, et qui fit, cet avant-midi, plusieurs trajets du quai à la gare.

Le Progrès du Golfe, Rimouski, 29 mai 1914.

L'anxieuse attente aux bureaux de la Canadian Pacific Company en Angleterre.
(Coll.: Archives-Maritimes - A. Therrien)

L'identification des victimes se continue
Cinq cadavres ont été reconnus hier

On a retrouvé une valeur de $40,000.—
Un inconnu porteur d'une petite fortune de $27,000.—
Le fonds de secours.—
Liste complète des victimes identifiées jusqu'à ce jour

On a continué hier à la morgue temporaire, établie sur le bassin Louise, l'identification des victimes de la catastrophe de l'*"Empress of Ireland"*.

La vaste chambre mortuaire qu'est devenu depuis dimanche dernier l'entrepôt No 27 de la commission du havre avait changé un peu d'aspect. La compagnie du C. P. R. avait fait déposer près de chaque tombe des gerbes de lilas qui présentaient une magnifique décoration. (…)

Comme nous l'avons deja dit, le coroner Jolicoeur et M. Hubert Moisan, de cette ville, ont fait des perquisitions sur tous les cadavres et ont recueilli une infinité d'objets au moyen desquels on cherchera à établir l'identité des victimes. (…) La somme totale, en argent et en valeurs, trouvée sur eux est de près de $40,000. Sur un seul, il a été trouvé une petite fortune,

34

l'infortuné était porteur en effet d'une somme de $27,000 en billets de banque et en valeurs. Sur un autre on a retrouvé $2,000. (...) Toutes les valeurs ainsi recueillies sont conservées avec les autres objets pour être remis aux parents des victimes à qui elles appartenaient, si les possesseurs sont identifiés. S'ils sont inhumés sans avoir été identifiés, tout ira à la compagnie du C. P. R.

Il reste encore soixante cadavres dont l'identité n'a pas été établie. Il est probable que ce n'est pas avant une quinzaine de jours qu'on inhumera les dépouilles mortelles qui n'auront pas été identifiées. Elles seront gardées jusque-là dans l'entrepôt où elles sont, qui est plus facile d'accès aux personnes qui veulent les identifier.

L'"Alsatian" qui partira aujourd'hui aura à son bord plusieurs réchappés et quelques cadavres de victimes qui sont expédiés en Angleterre. (...)

L'Action sociale, Québec, 4 juin 1914.

Des milliers de personnes assistent, ce matin, aux funérailles des victimes de l'"Empress of Ireland", Cérémonies imposantes, aux églises Anglicane et Saint-Patrice.

L'ÉMOTION CAUSE DES ÉVANOUISSEMENTS

Au tintement d'un glas funèbre, aux sons d'une fanfare militaire qui chantait lentement un hymne funéraire, douze victimes de l'engouffrement de l'"Empress of Ireland" ont été inhumées ce matin, à Québec, au milieu d'une assistance de plusieurs milliers de personnes et d'une pompe dont l'éclat et la grandeur ont rarement été vus à Québec, pour telle cérémonie. (...)

Cortège funèbre dans les rues de Québec.

LE PARCOURS

En quittant la place de la Basilique, le défilé passa par les rues Desjardins, Donacona, du Parloir, St-Louis jusqu'à l'avenue des Érables, où les rangs se brisèrent.

Pendant tout le parcours, la fanfare de l'Artillerie fit entendre des marches funèbres, pendant que les douze corbillards, à la suite, portant les restes mortels des malheureuses victimes s'acheminaient vers les lieux du suprême repos, les cimetières St-Patrice et Mount Hermon. (...)

Le Soleil, Québec, 4 juin 1914.

Cérémonie funèbre à Toronto en juin 1914.

Cérémonie funèbre en mer

Ce soir l'"Empress of Britain", qui revient de Liverpool et s'en va vers Québec, fera un arrêt de quelques minutes à l'endroit où son frère l'"Empress of Ireland" a sombré vendredi dernier. Il y aura prière, chant et musique funèbres, ainsi que salve de coups de canons, à la mémoire et en l'honneur des infortunés qui reposent engloutis dans les profondeurs de notre grand fleuve.

Le Progrès du Golfe, Rimouski, 5 juin 1914.

Voici quelques observations et suggestions faites par John McWilliams, un observateur attentif de la vie maritime à Pointe-au-Père. McWilliams, ancien gardien du phare de Pointe-au-Père, était, en 1914, gérant de la compagnie de télégraphie Great Northwestern, observateur météorologique et préposé aux signaux.

Nécessité d'installer la télégraphie sans fil à bord des navires.

"On a proposé beaucoup de projets afin d'éviter les collisions entre les navires montant et descendant le fleuve et qui prennent leur pilote à la Pointe-au-Père. Le "Vancouver" et le Lac "Ontario" vinrent en collision, avant que la télégraphie sans fil soit découverte, exactement à la même place, où se sont abordés la semaine dernière, le navire de la Compagnie du Pacifique Canadien, l'"Empress of Ireland" et le charbonnier

"Storstad". Et c'est le seul accident qui se soit produit à ce point depuis 40 ans que je m'occupe de questions maritimes, bien qu'à maintes reprises, des accidents analogues n'aient été évités que par miracle. Le seul moyen pratique d'éviter les collisions sur ce point, serait d'obliger tous les navires à avoir à leur bord la télégraphie sans fil et tous les charbonniers à avoir à bord pour le voyage d'aller et retour dans le St-Laurent le même pilote; de cette façon ils ne seraient pas obligés de suivre, dans ces parages, la même route que les autres navires."

Le Soleil, Québec, 5 juin 1914.

Quelques jours après le naufrage, soit le 5 juin, une compagnie américaine effectue une démonstration publique, à Boston, d'une invention technologique qu'elle vient de mettre au point. Voici comment la nouvelle est rapportée dans **Le Soleil**, de Québec.

L'ACCIDENT AURAIT PU ÊTRE EMPÊCHÉ !

La première démonstration publique du téléphone sous-marin sans fil fut donné hier midi à un groupe de reporters par le professeur Reginald A. Fessenden, chef du département d'expérimentation de la Submarine Signal Co., de Boston. Le transmetteur était à bord du remorqueur de Betts, le "Susie D.", et l'appareil de réception était à bord du remorqueur "Neponset".

Un assistant, parlant d'un ton ordinaire, causa de la température, de l'état de la mer et de ce qui lui venait à l'esprit, tandis qu'un reporter après l'autre, écoutant près de l'appareil de réception, étaient émerveillés.

"Je n'ai jamais auparavant entendu rien comme cela", a dit l'un d'eux à R. Fulton Blake, qui conduisait l'excursion.

"Ni d'autres non plus", répondit M. Blake. "Cette chose n'a jamais été faite auparavant, excepté que nous l'avons expérimentée l'autre jour et nous avons entendu assez clairement d'une distance d'un demi-mille".

L'expérimentation d'hier a été faite sur une étendue d'eau de 150 pieds de large, mais le résultat a été assez clair pour montrer qu'il était possible pour les sous-marins de téléphoner à leur vaisseau, ou l'un à l'autre, quand ils étaient submergés.

Le téléphone, cependant, ne fut qu'accidentel à la démonstration de la nouvelle invention du professeur Fessenden pour les appareils sous-marins de signalement. Avant la fin de la journée, il avait démontré clairement que si l'"Empress of Ireland" et le "Storstad", pour rappeler le désastre le plus récent, en avaient employé, le terrible accident ne se serait pas produit.

Le Soleil, Québec, 6 juin 1914.

AU-DESSUS DE L'ÉPAVE
Une excursion de prière à l'endroit où reposent plus de neuf cents victimes de l'"Empress".

Les Rimouskois font, à bord du "Lady Evelyn", un pieux et touchant pélerinage à l'endroit même où l'*Empress of Ireland* a sombré, et, par leurs invocations et leurs chants, prient le Tout-Puissant pour le repos éternel des 900 malheureux qui dorment leur dernier sommeil au fond du grand fleuve. Scène émouvante et inoubliable. (...)

Le Progrès du Golfe, Rimouski, 12 juin 1914.

UNE SENSATION

Une sensation s'est produite dans la Cour quand M. Haight, représentant le "Storstad", a déclaré que l'"Empress" n'obéissait pas à son gouvernail et que trois heures auparavant elle avait failli venir en collision avec l'"Alden", à la Pointe-au-Père. M. Samson, l'ingénieur en chef de l'"Empress", venait justement de dire que le gouvernail fonctionnait très bien quand M. Haight a fait cette déclaration.

D'après ce que dit M. Haight, il appert que les autorités du C.P.R. avaient fait un effort pour éloigner du pays le quartier-maître qui était à la roue de l'"Empress", entre 10 et 12 heures, la nuit qui précéda l'accident, parce que, ce dernier aurait déclaré que pendant cinq minutes, la nuit qui précéda la catastrophe, le vaisseau n'obéissait pas a son gouvernail et qu'il avait presque frappé l'"Alden". (...)

Le Soleil, Québec, 18 juin 1914.

L'ÉTAT DU GOUVERNAIL DE L'EMPRESS

On entendait hier, des déclarations sensationnelles que devait faire un nommé Galway, quartier-maître de l'"Empress", qui devait dire que le gouvernail de l'"Empress" était défectueux, mais leur portée n'a pas été aussi grande qu'on l'attendait.

(...) Il prétend que l'"Empress" a dérivé en opposition à son gouvernail en montant le Saint-Laurent, à son dernier voyage. Elle a dérivé de trois points hors de sa course. Lord Mersey demande alors au témoin s'il a eu le temps de finir son dîner avant de se rendre à la cour; le fait est que le brave gaillard mâchait avec une allure endiablée. Le témoin sans plus de cérémonie sortit une forte mâchée de gomme de sa bouche.

Galway devint ensuite confus quand il s'agit de répondre aux questions concernant l'obéissance de l'"Empress"

Bouée installée quelques jours après le naufrage au-dessus de l'épave.

à l'impulsion de son gouvernail et M. Haight avoua que le témoin disait des choses un peu différentes de ce à quoi il s'attendait. Il a expliqué comment, quand il mettait le gouvernail à droite, le vaisseau allait du côté gauche. Comme c'est justement dans l'ordre des choses tout le monde s'est mis à rire dans la salle. (...)

UN DÉMENTI

John Murphy, qui a succédé à Galway, à la roue, et à qui ce dernier prétendait avoir donné l'avertissement que le gouvernail ne fonctionnait pas bien, est venu déclarer que jamais Galway ne lui avait dit pareille chose. Murphy a gouverné l'"Empress" pendant 4 ans et il sait que le gouvernail fonctionnait parfaitement.

Le pilote Bernier est venu jurer également que l'"Empress" n'avait pas dévié d'un iota en rencontrant l'"Alden". Il a ajouté que Galway ne s'est jamais plaint à lui du gouvernail défectueux du vaisseau.

Le Soleil, Québec, 19 juin 1914.

Mort tragique d'un scaphandrier
près de l'épave de l'"Empress of Ireland"
Chute fatale à 130 pieds de profondeur
et rupture de la conduite d'air

Suite de l'enquête à Québec.— La séance de samedi

L'un des scaphandriers employés par la Québec Salvage Co. pour rechercher les quelques milles cadavres emprisonnés dans les flancs de l'"Empress of Ireland", au fond du St. Laurent, a trouvé hier une mort tragique, dans l'accomplissement de sa tâche ardue. La victime est le scaphandrier Cossboom, de New-York, qui était le chef des scaphandriers au service de la Québec Salvage Co.

Un des navires utilisés par les scaphandriers, la *Marie-Joséphine*.

Cossboom, qui était descendu à l'endroit où repose la coque de l'infortuné paquebot de la ligne C. P. R., fut retiré de l'onde sans connaissance, à la suite d'un accident et en dépit de tous les efforts, on ne put parvenir à lui faire reprendre l'usage de ses sens. Il mourut 30 minutes après avoir été hissé à la surface.

L'équipe de plongeurs de la *Marie-Joséphine*.

L'accident est arrivé hier après-midi. La goélette "Marie-Joséphine" et le "Lord Strathcona" étaient rendus sur les lieux du sinistre depuis sept heures du matin, mais le vent et l'état agité de la mer forcèrent les scaphandriers à l'inaction jusqu'à deux heures. Les conditions devenant alors plus favorables, deux scaphandriers du navire de guerre "Essex" et l'infortuné Cossboom descendirent dans les profondeurs du fleuve. Trente minutes s'écoulèrent quand ceux qui étaient sur la goélette "Marie-Joséphine" n'obtinrent plus de réponse à leurs signaux. On devint anxieux, et comme ce silence se prolongeait, ordre fut donné aux deux scaphandriers de l'"Essex" de faire des recherches pour voir ce qui était advenu de leur compagnon. Ceux-ci suivirent les instructions, mais ne retrouvèrent aucune trace de l'infortuné plongeur; ils revinrent même si exténués qu'il leur fut impossible de continuer les recherches.

Un autre scaphandrier de l'"Essex" descendit alors sous l'onde en suivant les mêmes lignes que Cossboom et trouva le malheureux gisant inconscient sous 130 pieds d'eau. Il le ramena à la surface où, sur la goélette "Marie-Joséphine", tout fut mis en oeuvre pour le ranimer, mais sans succès.

Trente minutes plus tard, il expirait. On suppose que Cossboom a fait une chute sur la coque glissante du paquebot et qu'il a brisé en tombant la conduite qui lui fournissait l'air. (...)

L'Action sociale, Québec, 20 juin 1914.

L'EMPRESS "ZIGZAGUAIT"

C'est ce que déclarent trois témoins hier après-midi, à l'enquête sur le désastre.

La prétention qu'avançaient les avocats du "Storstad" à l'effet que l'"Empress of Ireland" semblait mal obéir à l'impulsion de son gouvernail, la nuit de la collision fatale, a reçu la corroboration de quatre témoins, jusqu'ici. D'abord, le témoin Galway, quartier-maître sur l'"Empress" même vint jurer que le gouvernail de l'"Empress" était défectueux, qu'il en avait averti les officiers du pont de conduite; on le ridiculisa, en Cour, puis on fit de ses déclarations, un sujet de rires et de dérisions, à tel point que ses déclarations furent en général regardées comme une fumisterie, tout au moins une farce.

TROIS TÉMOINS UNANIMES

Mais voilà qu'à leur tour, trois autres témoins viennent faire des déclarations qui semblent fort supporter ces avancés de Galway, surtout dans les dires de ce dernier, quand il mentionnait le fait que l'"Empress" obéissait si mal à son gouvernail qu'elle faillit heurter le vapeur "Alden", entre Québec et Rimouski.

L'homme de roue du "Alden", M. J. Petersen, et le pilote Ls. H. Lapierre qui conduisait le "Alden" dans la nuit en question, sont tous deux venus déclarer que l'"Empress", qu'ils virent venir de loin vers eux, sur le fleuve, zigzaguait de façon inquiétante pour leur propre sécurité.

LA NATURE DU CHOC

A la séance de l'après-midi, on a produit la plaque d'un numéro de cabine qui était restée dans l'avant du "Storstad", et qui a été trouvée par un matelot du charbonnier après la collision; cette plaque porte le No. 328. Cette cabine se trouvait sur le pont du salon de l'"Empress", du côté droit, près du tuyau avant, et sa présence dans l'avant du "Storstad" indique que le capitaine de l'"Empress", le capitaine Kendall, avait raison que son vaisseau avait été frappé en plein milieu. La porte de la cabine qui portait le numéro 328 était à 15 pieds dans l'intérieur du vaisseau, ce qui démontre que le nez du "Storstad" a pénétrer profondément dans l'intérieur de l'"Empress".

Le Soleil, Québec, 20 juin 1914.

Pourquoi l'*Empress* a-t-il coulé si vite? Cette question soulève l'un des aspects les plus spectaculaires de ce triste naufrage, à savoir: comment un navire de cette taille puisse couler en un temps aussi rapide? Contrairement au *Titanic* qui a mis plus de deux heures à couler, l'*Empress of Ireland* n'aura mis que 14 minutes à s'effacer de la surface de l'eau. Voici comment la revue **Scientific American** explique la rapidité du naufrage.

POURQUOI L'"EMPRESS" A-T-IL COULÉ SI VITE ?

Le "Scientific American", dont l'avis sur les questions de cette nature mérite attention, n'a aucune hésitation à déclarer que si l'"Empress of Ireland" a sombré en l'espace de quelques minutes après la collision avec le "Storstad", il n'en faut pas chercher d'autre raison que celle-ci: l'"Empress" était subdivisé selon les mêmes règles que le "Titanic" en compartiments transversaux, sans compartiments longitudinaux et sans double coque.

L'"Empress" avait neuf compartiments transversaux. "Quand il a été percé par l'étrave du "Storstad", dit le "Scientific American", l'eau était libre d'envahir immédiatement toute la largeur de ces compartiments de 65 pieds. Et l'eau est entrée si rapidement que le paquebot s'est immédiatement couché et en quatorze minutes il allait au fond."

Le même article du Scientific American fait également mention de l'usage de technologies différentes utilisées pour la construction de l'Aquitania, un paquebot de la Cunard Line.

Celui-ci est fait sur le principe de la double coque. L'intervalle entre les deux parois étant utilisé principalement comme soute à charbon. Si le "Storstad" avait frappé de la même manière l'"Aquitania", il ne lui aurait infligé qu'une blessure sans importance. Son avant, émoussé par le premier contact, n'aurait jamais pénétré les 18 pieds de charbon qui le séparait de la cloison interne de la coque. (...)

L'"Aquitania", outre le grand nombre de canots de sauvetage dont il est pourvu, possède deux canots de 30 pieds de longueur, par 9 pieds de largeur, qui sont mus par un moteur de 30 chevaux et munis d'appareil de télégraphie sans fil ayant un rayon d'action de 100 à 150 milles.

En cas de sinistre, ces deux canots à moteur remorqueraient tous les autres, qui ne pourraient ainsi se disperser, et de plus, ils hâteraient l'arrivée des secours en utilisant leurs appareils de télégraphie. (...)

Le Soleil, Québec, 27 juin 1914.

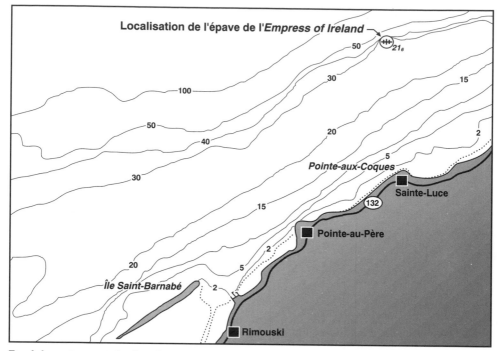

Localisation de l'épave de l'*Empress of Ireland*

50
21₆
30
15
100
50
40
20
5
Pointe-aux-Coques
Sainte-Luce
30
15
132
15
Pointe-au-Père
2
20
5
2
Île Saint-Barnabé
2
Rimouski

Fond de carte: carte bathymétrique L/C 1236 (Service hydrographique du Canada)

LES SCAPHANDRIERS VISITENT L'EMPRESS QUI FLOTTE

Des passagers qui viennent d'arriver de Québec, par l'"Empress of Britain" racontent qu'à leur passage à Rimouski les scaphandriers, sous la direction de M. Weatherspoon, se sont embarqués et ont examinés certaines parties du vaisseau afin de pouvoir se guider plus sûrement dans leurs recherches sur l'épave de l'"Empress of Ireland", qui était construite sur le même plan.

Ces passagers ont appris que quatre autres cadavres avaient été trouvés, deux hommes et deux femmes. L'un a pu être identifié grâce à un calepin qu'il portait dans sa poche; c'est M. A. Simper, de l'Armée du Salut. Une femme pourra être identifiée grâce à son livret de banque qui porte le No "B. O. 52",

Scaphandrier se préparant à descendre sur l'épave.

de la banque Impériale. Les cadavres en question ont été retirés par le scaphandrier Henry Clinehen, de la New-York Salvage Co.

On va faire sauter l'un des côtés de l'"Empress", tout près de l'endroit où l'argent et le cuivre sont emmagasinés. C'est des conditions de cet endroit de l'"Empress of Britain" que les scaphandriers ont surtout pris des notes.

On attend d'autres scaphandriers; dans quelques jours, il y en aura 7 à l'oeuvre régulièrement, avec de nouveaux appareils qui leur permettront sans doute de réaliser de meilleurs résultats.

Le Soleil, Québec, 4 juillet 1914.

LES TROUVAILLES DES PLONGEURS

Après avoir remonté à la surface le coffre-fort de l'"Empress of Ireland", ils retirent de l'épave les sacs de malle et des barres d'argent.

Les recherches des scaphandriers de M. Worthespoon deviennent vraiment fructueuses et intéressantes. Après avoir sorti du fond de l'eau plus de cent cadavres, besogne macabre et plutôt répugnante à cause de l'état de décomposition très avancée dans lequel on les trouvait, les plongeurs ont réussi à perforer les flancs du navire et à se frayer des passages au sein du gigantesque

Lettres retrouvées. (Coll.: Jacques Morin)

paquebot pour pénétrer d'abord dans le bureau du "purser" d'où ils ont réussi à sortir le coffre de sûreté la semaine dernière, puis pour arriver à la cale où se trouvaient les sacs de malle et des barres d'argent.

Jusqu'à présent, trente six sacs de malles ont été retirés de l'épave et confiés à la garde de M. J. L. A. Gamache, conducteur des convois de malles océaniques à Rimouski. Sur ces 36 sacs, il y en avait neuf remplis de lettres et vingt cinq de journaux et sacs vides de retour. Trois de ces sacs contenaient des lettres recommandées qui furent expédiées au Bureau des Rebuts (lettres mortes) à Ottawa pour en disposer. Il y avait dans ces lettres des valeurs de $15,000 à $18,000.

Toutes les lettres retrouvées venaient du bureau de Québec. Les adresses sur les enveloppes sont toutes très lisibles, excepté celles qui sont écrites au clavigraphe.

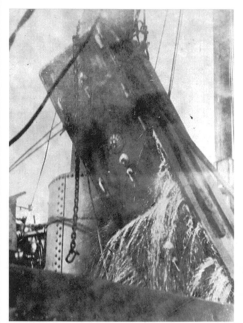

Coffre-fort de l'*Empress*.

Barres d'argent récupérées par les plongeurs.

M. Gamache nous disait qu'il n'a pas encore été perdu et ne se perdra pas plus de 1p.c. des lettres retrouvées. C'est la première fois au monde que cela arrive en de pareils naufrages.

On ouvre les sacs, on fait sécher les lettres avec soin, puis elles sont empaquetées et expédiées au Ministère des Postes à Ottawa.

Le Surintendant du Ministère à Québec, M. Marineau, est venu lundi faire une visite d'inspection à l'endroit où les sacs de malles sont portés et ouverts. Il y avait à bord de l'"Empress" lors de la catastrophe 1500 sacs de malle que l'on espère retirer tous de l'épave.

Les plongeurs ont aussi sorti de la cale du paquebot 83 barres d'argent solides. Chaque barre d'argent pèse 90 livres et vaut $750,00. Les travaux des plongeurs se poursuivent avec succès.

Le Progrès du Golfe, Rimouski, 28 août 1914.

Musée de la mer de Pointe-au-Père

Corporation sans but lucratif, le Musée de la mer de Pointe-au-Père poursuit l'oeuvre du Musée de la mer de Rimouski fondé en 1980.

La corporation regroupe des personnes provenant de tous les horizons du milieu régional désireuses de participer à la promotion, à la conservation et à la diffusion du patrimoine maritime.

Partenaire associé à Parcs Canada, la corporation gère le Musée de la mer et contribue aussi à promouvoir et à mettre en valeur le Lieu historique national du Phare-de-Pointe-au-Père.

Les expositions présentées dans le Musée font revivre les événements qui ont animé (Photo: E. H. Irwin) le village de Pointe-au-Père lors du naufrage de l'*Empress of Ireland* en 1914. Vous pourrez aussi y observer les nombreuses pièces que les plongeurs ont récupérées depuis 1964.

Quelques pièces provenant de l'épave de l'*Empress of Ireland*.
Musée de la mer de Pointe-au-Père. (Photo Jean Albert)

BIBLIOGRAPHIE

Canada, Parlement. Chambre des Communes. «Rapport des séances de la commission d'enquête et des témoignages rendus concernant le naufrage du navire anglais *Empress of Ireland* de Liverpool à la suite d'une collision avec le navire norvégien *Storstad*, Québec, juin 1914.» Documents parlementaires. 1915, no 16, vol. L, doc. no 21 à 21b.

CROALL, James. **Fourteen minutes**. The last voyage of the *Empress of Ireland*. London. Sphere Book Limited. 1978. 245 pages.

FORTIN, Jean-Charles. "La grande navigation et les installations de Pointe-au-Père" dans **Revue d'histoire du Bas-Saint-Laurent**. Rimouski. Juillet 1983.

MARSHALL, Logan. **The tragic story of the *Empress of Ireland***. London. Patrick Stephens. 1972. Réédition de l'original de 1914. 232 pages.

MÉTIVIER, Pierre. *"Empress of Ireland, Empress of Britain"*, dans **Revue maritime L'ESCALE**, no 28, p.17-19.

MURRAY, Paul. The loss of the *"Empress of Ireland"*, dans **Ships monthly**. May 1989. Vol 24, no 5. pp 14-17.

MUSK, George. Canadian Pacific. **The story of the famous shipping line**. London. David & Charles, Newton Abbot. 1981. 272 pages.

PINEAU, Lionel. Le naufrage de l'*Empress of Ireland,* dans **Revue d'histoire du Bas-Saint-Laurent**. Vol 1, no 3, décembre 1974.

ROY, Karino. **Le drame de l'*Empress of Ireland***. Pointe-au-Père, 29 mai 1914. Vanier. Les Éditions du plongeur. 1993. 174 pages.

SAVAGE, Michel. *"L'Empress of Ireland"*, dans **Revue maritime L'ESCALE**, no 24, p. 30-33.

WOOD, Herbert P. **Till we meet again**. The sinking of the *Empress of Ireland*. Toronto. Image Publishing Inc. 1982. 186 pages.